AF312710

COLLECTION DE M. H. A***

Vente du Mercredi 15 Novembre 1911

HOTEL DROUOT — SALLE N° 10

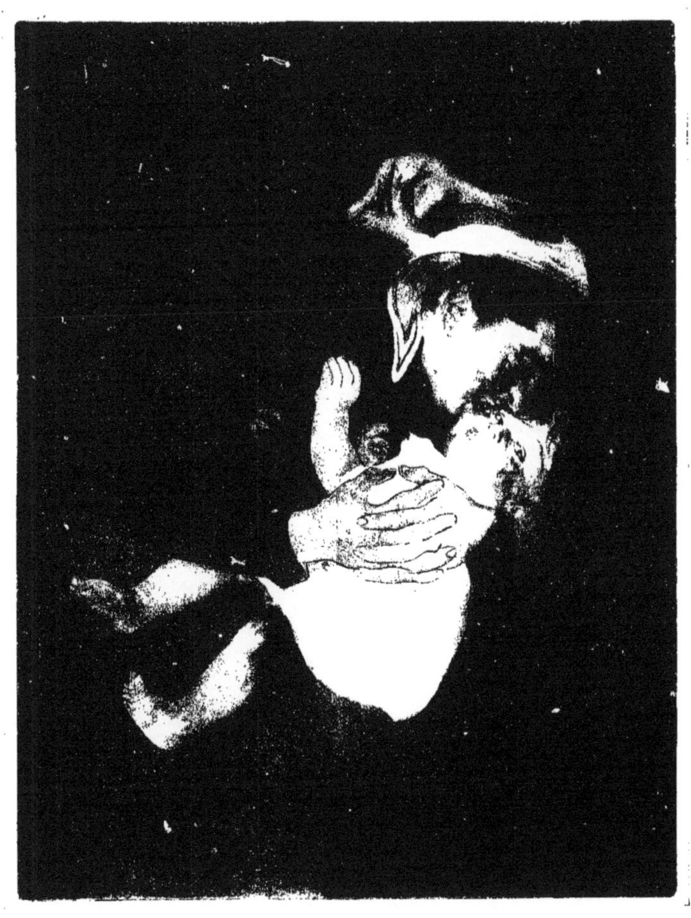

N° 71 du Catalogue

ESTAMPES
&
DESSINS
MODERNES

M⁰ ANDRE DESVOUGES.   M. LOYS DELTEIL.

FRAZIER-SOYE

GRAVEUR-IMPRIMEUR

153-155-157, Rue Montmartre

PARIS

CATALOGUE

DES

ESTAMPES

&

DES

DESSINS

MODERNES

ŒUVRES

DE

A. BERTON, A. BESNARD, CHAHINE, DAUCHEZ,
LOUIS LEGRAND,
A. LEPÈRE,
LUNOIS, ROPS, STEINLEN,

etc.

ESTAMPES JAPONAISES

Dont la vente aura lieu
à Paris, HOTEL DROUOT, Salle N° 10
Le Mercredi 15 Novembre 1911
à 2 heures précises

Par le Ministère de Me ANDRÉ DESVOUGES
COMMISSAIRE-PRISEUR
26, *Rue de la Grange - Batelière*
Assisté de M. LOYS DELTEIL, Graveur et Expert
2, *Rue des Beaux-Arts*

CONDITIONS DE LA VENTE

Elle sera faite au comptant.

Les adjudicataires paieront *dix pour cent* en sus des enchères.

M. LOYS DELTEIL remplira les commissions que voudront bien lui confier les amateurs ne pouvant y assister.

MM. les amateurs pourront visiter la collection, 2, *rue des Beaux-Arts*, du Vendredi 10 au Mardi 14 Novembre 1911, de 2 heures à 5 heures (le Dimanche excepté).

Le Peintre-Graveur Illustré

(XIXe & XXe SIÈCLES)

par LOYS DELTEIL

OUVRAGE HONORÉ D'UNE SOUSCRIPTION DU MINISTÈRE DE L'INSTRUCTION PUBLIQUE
ET DES BEAUX-ARTS

TOME Ier — MILLET, ROUSSEAU, etc. . . . . **Épuisé.**

TOME II — CH. MERYON . . . . **25** fr. et **20** fr.

TOME III — INGRES — EUG. DELACROIX

45 Exemplaires de luxe (*presque épuisés*).	**50**	francs
300 —	**25**	—
100 — (sans l'eau-forte de Delacroix)	**20**	—

TOME IV — ANDERS ZORN. . . . . **Épuisé.**

TOME V — COROT

50 Exemplaires de luxe (*presque épuisés*).	**70**	francs
350 — (avec eau-forte).	**25**	—
100 — (sans l'eau-forte)	**20**	—

TOME VI — RUDE, BARYE, CARPEAUX, RODIN

40 Exemplaires de luxe	**40**	francs
350 — —	**16**	—

TOME VII — PAUL HUET

40 Exemplaires sur japon.	**50**	francs
300 — (avec l'eau-forte)	**20**	—
100 — (sans l'eau-forte)	**15**	—

POUR PARAITRE LE 25 JANVIER 1912

EN SOUSCRIPTION

TOME VIII consacré à EUGÈNE CARRIÈRE

50 Exemplaires sur japon.	**50**	francs
300 — (avec lithographie originale).	**20**	—
100 — (sans la lithographie)	**12**	—

A l'apparition de l'ouvrage, les exemplaires seront portés à **60, 25** et **16** francs.

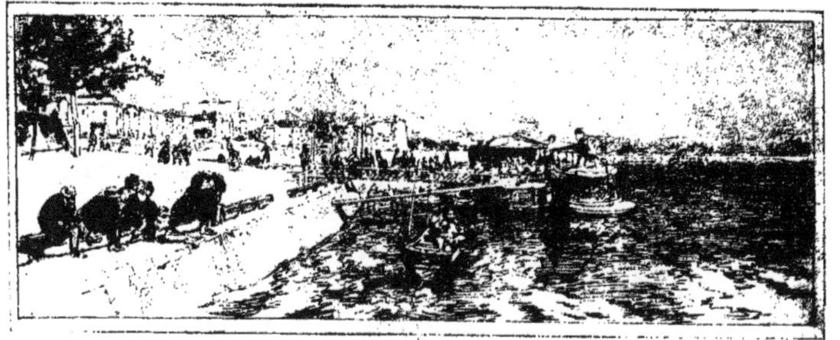

N° 128 du Catalogue.

DÉSIGNATION

ESTAMPES

ADRESSES

1. Adresses d'Edm. Sagot, 7 pl. par Chahine, Villon, de Latenay, Leheutre et Robbe. Belles épreuves.

BERTON (Armand)

1 *bis*. Berton (Armand), par lui-même — La Lettre — Sortie de bain. Trois pièces. Très belles épreuves, *signées*.

2. Jeune Baigneuse, de dos. Deux très belles épreuves, d'état différent, *signées*.

3. Le Bain de pied, 1er état — Le Tiroir, 2 épreuves, soit trois pièces. Très belles épreuves, *signées*.

4. L'Espiègle — La Sieste. Deux pièces. Très belles épreuves, *signées*.

5. Farniente — Femme à sa toilette, 3 états de chaque pl. soit six pièces, *signées*.

6. Lassitude. Deux très belles épreuves d'état différent, *signées*.

7. Le Modèle. Quatre très belles épreuves d'états ou de tirages différents, *signées*.

8. Le Modèle — La Rieuse. Quatre très belles épreuves d'état différent, *signées*.

9. Séduction ou les deux Sœurs. Deux pièces différentes. Très belles épreuves, *signées*.

10. Le Tub. Cinq très belles épreuves, *signées*.

11. La Chevelure, 3 planches différentes (une en 2 états). Quatre pièces. Très belles épreuves, *signées*.

12. Le Réveil — L'Espiègle — Après le Bain — Retour à la maison — Fillette riant. Six pièces. Très belles épreuves, *signées*.

13. Le Luxembourg — Les Arbres de la berge — Le Réveil — La Femme au chien. Cinq pièces. Très belles épreuves, *signées*.

14. Études de Femmes. Sept pièces. Très belles épreuves, *signées*. Ce numéro pourra être divisé.

BESNARD (P. A.)

15. La Fin de tout. Superbe épreuve, *avec dédicace, signée*.

16. Jeune fille à la barre. Très belle épreuve, *signée*.

BESNARD (d'après P. A.)

17. Suite complète de 10 eaux-fortes et 1 portrait, par R. de Los Rios, pour la *Dame aux Camélias*.

On y a joint la Bohémienne, par Waltner, d'apr. G. Ricard, *av' l. l.*

BESNARD (A.) — RAFFAELLI (J. F.)

18. Femme en buste — Chemineau. Deux petites
pièces, la seconde *signée*.

CARRIÈRE (Eugène)

19. Méditation. Très belle épreuve sur chine.

CHAHINE (Edgar)

20. Gerbeau (Jules). Très belle épreuve, *signée*
(n° 14).

21. Louise France. Belle épreuve sur japon.

22. Juliette. Très belle épreuve sur japon, *signée*
(n° 11).

23. Mlle Lily. Très belle épreuve sur japon, *signée*
(n° 15).

24. La belle Rita. Très belle épreuve sur japon, *signée*
(n° 13).

25. Campement de chiffonniers. Très belle épreuve,
signée (n° 8).

26. La Leçon de crochet — Promenade nocturne. Très
belles épreuves, une sur japon, *signées*.

27. Distribution de soupe — Déménagement de
chiffonniers — Sans travail. Trois pièces. Très
belles épreuves, *signées*.

28. Dormeurs sur un banc — Quartier du Combat —
Midinette. Trois pièces. Très belles épreuves,
signées.

29. Étude pour Mlle Félicie — Lérand, rôle de Rodin —
Au Casino. Trois pièces *signées*.

30. *Histoire Comique*, par Anatole France, portrait et
7 pl. *inédites*, sur japon, *signées*

DAUCHEZ (André)

31. La Plaine. Très belle épreuve, *signée* (n° 28).

32. Le Moulin de Lesconil. Très belle épreuve, *signée* (n° 9).

33. Le Ruisseau de Groasken. Très belle épreuve, *signée* (n° 6).

DESBOUTIN (M.)

34. André Desboutin (B. 33) — L'Enfant à la Tasse (156) — La Duchesse Colonna (14) — La Fille de Desboutin (10). Quatre pièces. Belles épreuves, *signées*.

ESTAMPES JAPONAISES

HIROSCHIGHÉ

35. Histoire de Yosi — Tsouni, 5 pl. en largeur, de la collection Barbouteau.

36. Tchiou-Shen — Goura, 16 pl. Collection Barbouteau.

37. Les Stations du Tokaïdo, 55 pl. Collection Barbouteau.

38. Yedo Meicho, 10 pl. Collection Gillot.

HOK'SAI

39. Paysages. Deux pièces. Encadrées.

MASSANOBOU

40. Deux Femmes en bateau. Collection Hayashi. Encadrée.

41. Deux Femmes tenant une barque. Collection Hayashi. Encadré.

KYONAGA

42. Enfant avec un attirail de pêche. Collection Gillot. Encadré.

SHUNSHO

43. Acteur. Collection Hayashi. Encadré.

44. Scène à trois personnages. Encadrée.

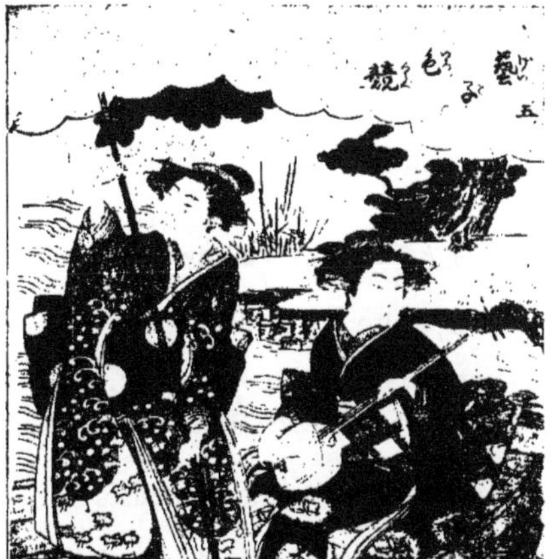

N° 40 du Catalogue.

ESTAMPE ORIGINALE (l')

45. L'Estampe originale, publiée par André Marty,
préface de Roger Marx — Janvier 1893 à Mars 1895.
Collection complète des 93 planches, par Puvis
de Chavannes, Carrière, Bracquemond, Rodin,
Whistler, Renoir, Fantin-Latour, Rops, A. Besnard, etc. Très bel exemplaire.

HELLEU

46. Mlle Brandès, de face. Très belle épreuve, *signée*.

HOUDARD — MAURIN — MULLER — RANFT

47. Approche d'orage — La Course — Liseuse à la lampe — La Glace à main. Quatre pièces. Très belles épreuves, *imp. en couleurs, signées.*

JEANNIOT (G.)

48. Femme au canapé. Très belle épreuve *imp. en couleurs, signée* (n° 3).

LATENAY (G. de)

49. Les Dunes. Superbe épreuve, *signée* (n° 15).

50. Les Trois arbres à Montreuil. Deux pièces. Superbes épreuves, *signées.*

LAUTREC (H. de Toulouse)

50 *bis.* Acteurs et Actrices. Série de 13 planches. Belles épreuves.

LEGRAND (Louis)

51. Legrand, par lui-même. Très belle épreuve sur japon, *signée.*

52. L'Annonciation. Très belle épreuve sur japon, *signée.* On y a joint l'Etude pour la Mère du Christ. Deux pièces.

53. Le Fils du Charpentier. Très belle épreuve, *avec remarque,* sur japon, *signée.*

54. La Divine Parole. Très belle épreuve, *signée* (n° 43).

55. Le Christ. Très belle épreuve sur japon, *signée* (n° 36).

56. Le Calvaire. Superbe épreuve sur *parchemin, signée* (n° 3).

57. *Cours de Danse fin de siècle*, *illustration de Louis Legrand* — Paris, E. Dentu, 1892. In-4°.

Exemplaire n° 27 sur papier du Japon, avec double état des planches et tirage à part des illustrations, rel. dem. chagr. coins (ex-libris A. Fabre).

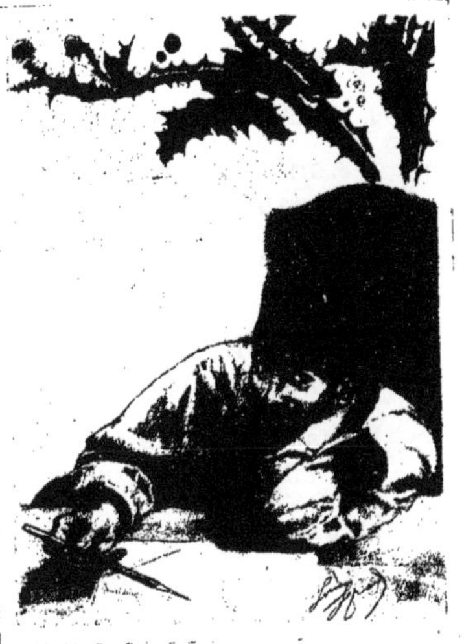

N° 51 du Catalogue.

58. LE LIVRE D'HEURES DE LOUIS LEGRAND, Paris, G. Pellet, 1898. 1 vol. grand in-8°.

Exemplaire n° 3 avec reliure cuir de Louis Legrand et auquel a été ajouté deux dessins aquarellés.

59. FAUNE PARISIENNE, *par E. Ramiro et Louis Legrand* — Paris, G. PELLET, 1901 — 1 vol. in-4, reliure *cuir de L. Legrand*. Exemplaire sur japon (*non mis dans le commerce*) auquel on a ajouté : *4 dessins originaux* (pages 18, 49, 78 et 88), une suite des bois tirés à part sur chine et sept eaux-fortes tirées hors texte.

60. LES PETITES DU BALLET. Douze pièces (sur 14). Très belles épreuves sur japon, *signées*.

61. ALBUM DE DIX-SEPT PLANCHES : Le Travail et la Paresse, Femme au parapluie, la Prostitution, Elle va venir, Avant, Après, Décharge publique, etc. Très belles épreuves.

62. L'Aïeule, grande pl. Très belle épreuve, *imp. en couleurs, signée* (n° 25).

63. Les Amants. Très belle épreuve *avec remarque*, sur japon, *signée* (n° 7).

64. L'Amateur. Très belle épreuve, *signée*.

65. L'Ami des Danseuses. Belle épreuve, *avec remarque*, sur japon, *signée*.

66. Beau Soir. Superbe épreuve sur parchemin, *signée* (n° 1).

67. Le bon Bedeau. Très belle épreuve sur japon, *signée* (n° 5).

68. Danseuse sur la scène. Très belle épreuve, *imp. en couleurs*, *signée*.

69. Dans les Coulisses. Très belle épreuve, *signée* (n° 5).

70. La Femme au parapluie. Très belle épreuve sur japon, *signée*.

71. Joie maternelle. Très belle épreuve sur japon, *signée* (n° 32).

72. L'Hétaïre ou le Vaporisateur. Très belle épreuve, *impr. en couleurs*, *signée* (n° 46).

73. Maîtresse. Très belle épreuve sur japon, *signée* (n° 19).

74. Le Mâle. Très belle épreuve sur japon, *signée*.

75. Mater inviolata. Très belle épreuve, *signée*.

76. Mon opinion politique, 1ʳᵉ et 2ᵉ planches. Très belles épreuves, une *avec croquis à la plume* en marge.

77. Nocturne. Très belle épreuve sur japon, *signée*.

78. Le Parisien. Très belle épreuve *imp. en couleurs* sur japon, *signée* (n° 7).

79. Prince K***. Très belle épreuve, *avec remarque*, sur japon, *signée* (n° 1).

80. Private-Bar. Très belle épreuve, *tirée en deux tons*, *signée* (n° 16).

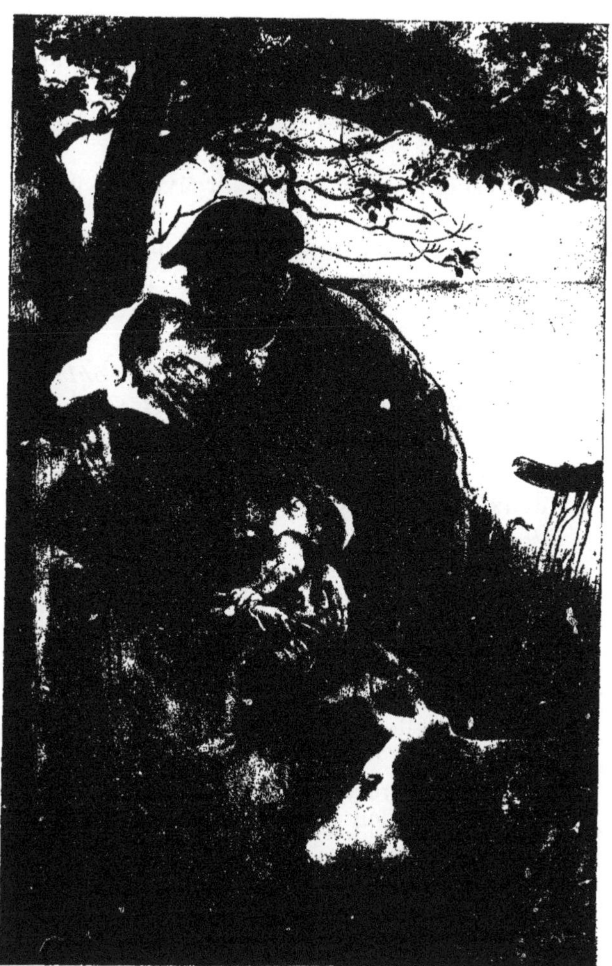

Nº 66 du Catalogue.

80 *bis*. — La même estampe. *En noir — avec double à Audry*

81. Profils Parisiens. Très belle épreuve sur japon, *signée* (n° 1).

82. Quatre Danseuses. Très belle épreuve sur japon, *signée* (n° 2).

83. Rosa mystica. Très belle épreuve sur japon, *signée*.

83 *bis*. La Sirène. Deux très belles épreuves *signées*, une *imp. en couleurs*.

84. Le Souper de l'Apache. Très belle épreuve, *signée*.

85. Soupeurs. Très belle épreuve, *imp. en couleurs*, sur *parchemin, signée* (n° 1).

86. Spleen. Très belle épreuve, *imp. en couleurs*, sur japon, *signée* (n° 8).

87. Les deux petites Vachères. Très belle épreuve d'*état*, sur japon, *signée*.

88. La Vieille Servante. Très belle épreuve sur japon, *signée*.

89. Eve épluchant la pomme — Léda. Deux pièces. Très belles épreuves, la 2ᵉ signée.

90. Un Coin de Paris — Le Paing quotidien. Deux pièces. Très belles épreuves, la 1ʳᵉ avec *remarque*, sur japon, *signée* (n° 6).

91. Fleur de lit — Flore artificielle. Deux pièces *avant le cuivre coupé*, sur japon, *signées*.

91 *bis*. Gin — Battersea Park — Anatomie comparée. Trois pièces. Très belles épreuves sur japon, *signées*.

92. Sous les Figuiers — L'Heure de la Chauve-Souris, sur parchemin, signée. Deux pièces. Très belles épreuves, la 1ʳᵉ *imp. en couleurs*.

93. Invitations : les Pompiers. 1ᵉʳ état — Les Cygnes, épr. *imp. en couleurs* — Coquette, *avant le cuivre coupé*. Trois pièces sur japon, *signées*.

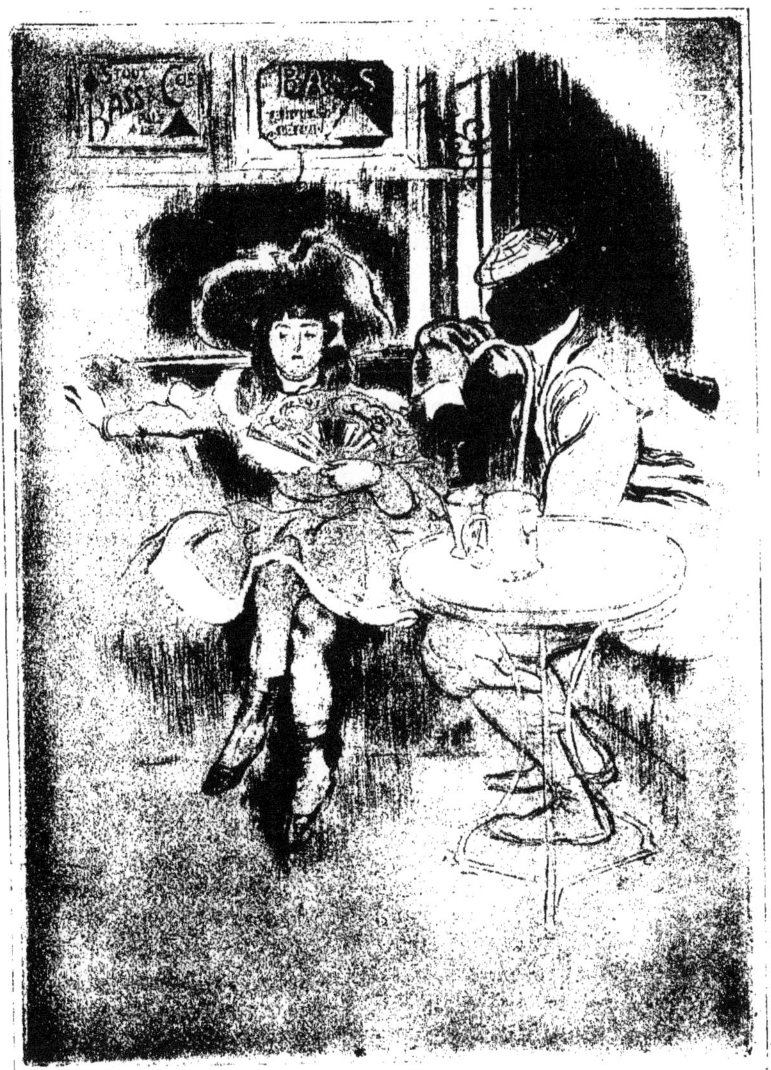

Nº 80 du Catalogue.

94. Avant — Après. Deux pièces formant pendants. Très belles épreuves sur japon, une *avec dédicace*.

95. Au Bord de la Mer — Animales. Deux pièces, l'une sur parchemin, *imp. en couleurs, signées* (n° 1).

96. Danseuse — La petite Servatoire. Deux pièces. Très belles épreuves, *signées*, une sur japon.

97. Celle qui se peigne — Les Billes — Au Café. Trois pièces. Très belles épreuves sur japon, *signées*.

98. Espiègle — Petite Fille assise — Fillette à la raquette. Trois pièces formant série. Très belles épreuves sur japon, *signées*.

99. Sarcleuse — Le Miché des Salons — La Grand' Sœur. Trois pièces. Très belles épreuves sur japon, *signées*.

100. Un Point — L'Accroc — Sur le bout du banc — Boudeuse. Quatre pièces, sur japon, *signées*.

101. L'Enfant de chœur — Petite fille étendue — Les Devoirs. Trois pièces. Très belles épreuves, *avec remarque, signées*.

102. La Prostitution — Diane chasseresse — Cochon d'Avril. Trois pièces sur japon, *signées*.

103. Bords de Marne — Sur l'Herbe — A l'Ombre. Trois pièces. Très belles épreuves *signées* et *numérotées*.

104. Au Bord de la Mer — Moutonnière — Dimanche (épr. *avec remarque*). Trois pièces. Très belles épreuves, *signées* et *numérotées*.

105. Frontispice — Le Plié — Danseuses. Quatre pièces. Trè belles épreuves, *signées* (sauf une).

106. Le Moulin de la pierre blanche — Les Eléphants — La Vache et la mouche — Retour de chasse. Quatre pièces *signées*.

107. Bertrand dort, 2 pl. — Frio — Un Soir. Quatre pièces. Très belles épreuves, trois *signées*.

108. La Mort n'a pas faim — Teutonophonie — Eléphantaisie — Travesti. Quatre pièces sur japon, *signées*.

109. Le Repos dominical — L'Idiot, 1ᵉʳ état — L'Essayeuse — Epaves de Famille. Quatre pièces. Très belles épreuves, *signées*.

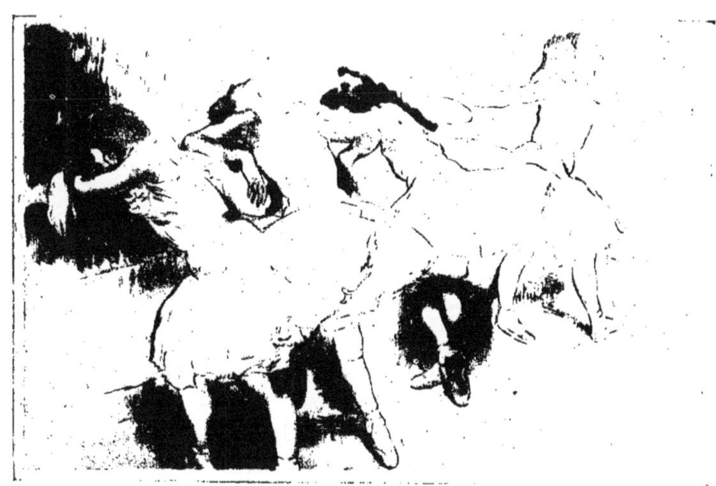

N° 82 du Catalogue.

110. Corruption — Réflexion indiscrète — Quand le Diable devient vieux — Jacques Bonhomme — Melancholia. Cinq pièces. Belles épreuves *signées*.

111. Eaux-Fortes de Louis Legrand, couverture — Tête de Femme — Oh! les Fleurs! — Danseuse — En Cours d'Assises. Cinq pièces.

112. Elle va venir — Le Travail et la paresse, 2 états — Fin — Menu — Sous l'averse — Les Nouvelles Illustrées. Huit pièces, la plupart *signées*.

LEGROS (Alph.)

113. La Mort et le Bucheron, 4ᵉ pl. (213). Superbe
épreuve, *signée*.

LEHEUTRE (G.)

114. La Maison du Garde. Très belle épreuve, sur papier
ancien, *signée* (n° 15).

115. Place Sᵗ Aventin, Troyes. Superbe épreuve, *signée*
(tirée à 20).

116. Rue de l'Ecole, à Troyes. Superbe épreuve sur
papier ancien, *signée* (n° 8).

117. Les Bords de la Bresle. Très belle épreuve, *signée*
(n° 6). On y a joint : à Venise. Soit deux pièces.

LEPÈRE (Auguste)

118. Le Rémouleur (Lotz-Brissonneau 5). Très belle
épreuve, *signée*.

119. Dans le Ruisseau, à Montmartre (10). Très belle
épreuve sur japon, *signée*.

120. Marchandes de poissons, rue Pirouette (12). Très
belle épreuve du 2ᵉ état (sur 3), *signée* (n° 4).

121. On nivelle la place Maubert (14). Très belle épreuve
sur japon, *signée*.

122. En Bateau-mouche (15). Très belle épreuve du
2ᵉ état (sur 6), *signée* (n° 3).

123. L'Appel des balayeurs, la nuit (16). Très belle
épreuve d'un *état non décrit*, intermédiaire entre
le 3ᵉ et le 4ᵉ, *signée*.

124. Combat contre la neige, quai aux Fleurs (17). Superbe épreuve, *signée*.

125. Cardeuses de matelas au Pont Marie (20). Très
belle épreuve *avant* le cuivre coupé, *signée*
(n° 4).

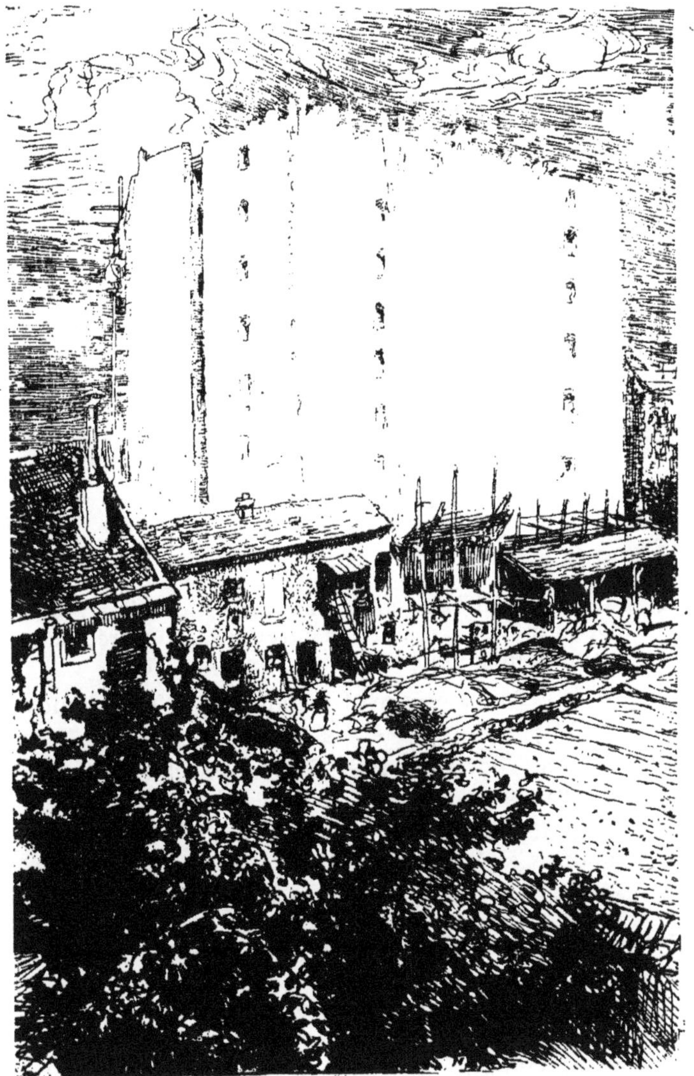

N° 138 du Catalogue.

126. Couverture de la *Petite Série d'Eaux-fortes, Coins de Paris* (21). Très belle épreuve du 1ᵉʳ état, *signée* et *timbrée* — Sur la Plage, essais de morsures (51). Deux pièces.

127. Le Lavoir (23). Très belle épreuve, *signée*.

128. Embarcadère, quai de Bercy (26). Superbe épreuve, d'un *état non décrit, signée*.

129. Retour de Greenwich, la nuit, grande planche (31). Très belle épreuve, *signée*.

130. L'Hiver (38) — Ramasseuses de pignons (41). Deux pièces. Très belles épreuves, sur japon, *signées*.

131. Sortie de l'Ecole, marais vendéen (43). Très belle épreuve, *signée*.

132. Pêcheurs fuyant devant l'orage (49) — Coupeurs de bouts de cigares (56). Deux pièces. Très belles épreuves sur japon, *signées*.

133. Au pont Sully (57). Très belle épreuve, *signée* (nᵒ 19).

134. Leçon de solfège (60) — Leçon de crochet (64). Deux pièces. Très belles épreuves, la 1ʳᵉ tirée sur papier ancien, *signée* (nᵒ 6), la 2ᵉ en 1ᵉʳ état.

135. Sur les Toits, près Notre-Dame (75). Très belle épreuve *avec les vers, signée* (nᵒ 5).

136. Un Lundi, porte des Prés-Sᵗ-Gervais (78). Superbe épreuve du 4ᵉ état (sur 6), *signée* (nᵒ 4).

137. Route de Billancourt (87). Très belle épreuve sur japon, *signée*.

138. La Maison neuve (92). Superbe épreuve, *signée*.

139. Le Débardeur, quai de la Gare (93). Très belle épreuve du 2ᵉ état, tiré à 3 épreuves, *signée*.

140. Le Quartier des Gobelins (96). Très belle épreuve du 2ᵉ état (sur 4), *signée* (nᵒ 1).

141. Cité de Chiffonniers (Cité Doré) (102). Très belle épreuve, sur japon, *signée*.

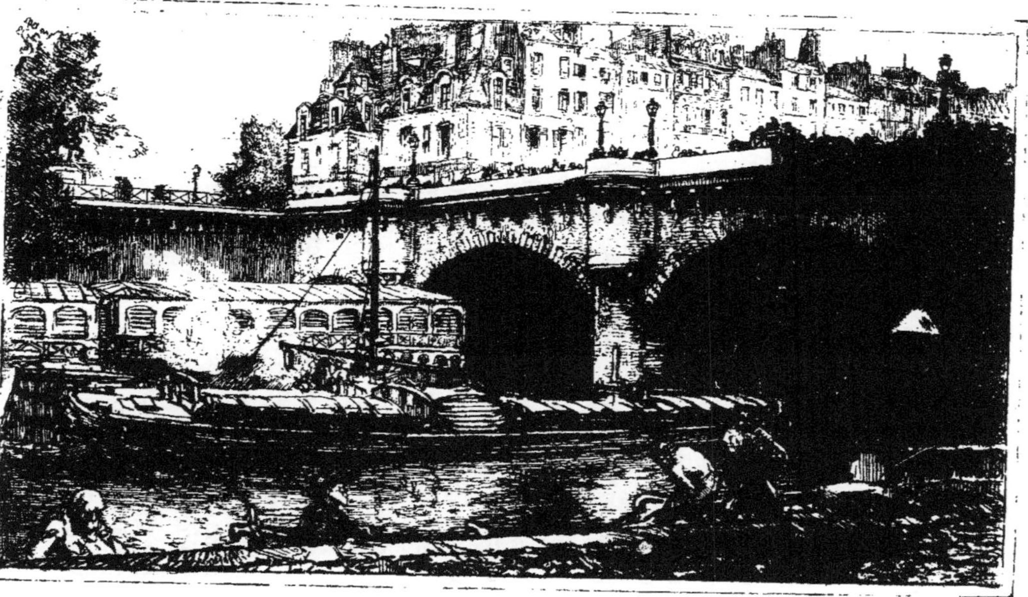

Nº 149 du Catalogue.

142. Travaux pour le nouveau Champ de Manœuvre à Issy (104). Très belle épreuve, *signée*.

143. Carrières d'Amérique, près Paris (108). Superbe épreuve de 1ᵉʳ état, *signée* (nº 3).

144. Colloque sentimental (107) — Le Passeur (112). Deux pièces. Belles épreuves, *signées*.

145. Aux Fortifications, porte de Versailles (110). Très belle épreuve, *signée*.

146. Amsterdam, vue de Victoria Hôtel (116). Très belle épreuve, *signée*.

147. Bords de l'Amstel (117). Très belle épreuve, *signée* (nº 12).

148. Haarlem (121). Très belle épreuve, *signée* (nº 11).

149. Le Pont-Neuf (124). Très belle épreuve, *signée*.

150. Notre-Dame vue du quai Montebello (125). Très belle épreuve sur japon, *signée*.

151. L'Abreuvoir au Pont-Marie, 2 pl. (129). Très belle épreuve du 2ᵉ état, sur japon, *signée* (nº 2).

152. La Seine au Pont d'Austerlitz (147). Très belle épreuve sur japon pelure, *signée* et *timbrée*.

153. Le Palais de Justice, vu du Pont Notre Dame (203). Très belle épreuve, *imp. en couleurs*, *signée*.

154. On va goûter (232), 2ᵉ état — Les pêcheuses de pignons (294) — La Halte (296). Trois pièces, *signées*.

155. Petit bras au Pont St Michel (237). Très belle épreuve sur chine, *signée*.

156. L'Abreuvoir derrière Notre-Dame (264). Très belle épreuve, *signée*.

157. Bucolique moderne (271). Très belle épreuve du 4ᵉ état, *avant* la planche coupée, *imp. en couleurs*, *signée* :

158. La Source (311). Très belle épreuve du 1ᵉʳ état, *signée*.

159. Une Ruelle au pied de la Cathédrale de Beauvais. Superbe épreuve *avec remarque, signée* (n° 11).

160. Le Ballon qui tombe. Superbe épreuve du 1ᵉʳ état, sur papier ancien, *signée* (n° 7).

161. Dimanche au Cabaret. Très belle épreuve du 1ᵉʳ état, *signée* (n° 1).

161 *bis.* La même estampe. Superbe épreuve sur japon, *signée* (n° 7).

162. Chemin au Marais, coucher de soleil. Très belle épreuve du *1ᵉʳ état, signée* (n° 4).

163. A la Foire de Sᵗ Jean de Mont. Très belle épreuve du 1ᵉʳ état, *signée* (n° 2).

164. Les Dunes. Superbe épreuve du 1ᵉʳ état, sur japon, *signée* (n° 9).

165. A la Foire de Sᵗ Jean de Mont. Très belle épreuve sur japon pelure, *signée* (n° 8).

166. La Rue de la Montagne Sᵗᵉ Geneviève. Superbe épreuve du 1ᵉʳ état, *signée*.

167. Le Moulin des Chapelles. Superbe épreuve du 1ᵉʳ état, *signée* (n° 1).

167 *bis.* La même estampe. Très belle épreuve sur japon, *signée* (n° 4).

168. Village de la Meule, Ile d'Yeu. Très belle épreuve du 1ᵉʳ état, *signée* (n° 4).

169. Sous-bois à la Rigonette. Superbe épreuve du 1ᵉʳ état, *signée* (n° 4).

170. Le Poulailler. Très belle épreuve du 1ᵉʳ état, sur japon, *signée*.

171. L'Arrivée au Moulin. Très belle épreuve sur japon, *signée* (n° 5).

172. La Seine à l'embouchure du Canal St Martin. Superbe épreuve tirée sur papier ancien, *signée*.

173. Le Port de Nantes, 1906. Très belle épreuve, l'une
des **20** *avec la remarque à gauche; signée* et *nu-
mérotée*.

174. La Bièvre et St Séverin, suite de 12 pl. (126 *bis*).
Très belles épreuves du 1er état, sur chine, *signées*.
On y a joint une série du tirage publié.

LUCE

175. Environs de Gisors — Environs de Vernon — Le
Mée. Trois pièces *imp. en couleurs, signées* et
numérotées.

LUNOIS (Alex.)

176. Les Panaderos. Très belle épieuve, *imp. en couleurs*, sur japon, *signée* (n° 2).

177. Juana Fernandez. Très belle épreuve, *imp. en couleurs, signée* (n° 20).

178. Au Burrero, épr. *avec remarque, imp. en couleurs,
signée* (piqûres).

179. Les Novios. Très belle épreuve sur japon pelure,
signée (n° 3).

MAURIN (Charles)

180. L'Education sentimentale. Suite de 8 planches
tirées en 2 tons sur japon (n° 13).

MEUNIER (d'après Constantin)

181. Au Pays noir, notice de Camille Lemonnier,
couv., et 8 pl.

PISSARRO (C.)

182. Sarcleuse. Très belle épreuve, *signée* (n° 6).

ROBBE (Manuel)

183. Songerie — Promenade — La Lettre — Le Chemin de l'Eglise, ~~etc. Cinq~~ pièces. Très belles
   épreuves, *signées* (2 *imp. en couleurs*).

ROBBE (M.) — LOBEL-RICHE — VILLON

184. La Toilette — Les Estampes — Au Piano — Au
   Bois — Femme et Chat — La Cigarette. Six
   pièces. Très belles épreuves, *imp. en couleurs,*
   signées.

RODIN (Auguste)

185. Victor Hugo, de face (Loys Delteil 7). Belle
   épreuve sur chine, avec la nouvelle remarque.

ROPS (Félicien)

186. Rops (F.), par de Witte — Paysage Brabançon
   (48) — L'Oracle du Hameau (95) — Les Laveuses
   (110). Quatre pièces. Belles épreuves sur japon.

187. Oude-Kate (60). grande pl. Très belle épreuve,
   signée.

188. Le Doigt dans l'œil (99). Très belle épreuve sur
   japon, *signée.*

189. Bébé (103). Très belle épreuve sur japon, *signée.*

190. La Poupée du Satyre (150). Très belle épreuve sur
   japon, avec croquis (original ?) en marge.

191. Les Champs (166). Belle épreuve, *signée.*

192. Puberté (261), épreuve du 1er état, avec *légende*
   manuscrite transcrite par Rops.

193. Ste Thérèse (262). Très belle épreuve du 1er état.
   Collection Le Barbier de Tinan.

194. Transformisme n° 2. Très belle épreuve sur japon,
   avec ~~dessin~~ *de Rops*, en marge : *Ste Thérèse.*

195. Offertoire (280) — Frontispice pour Serre — F. Deux pièces.

196. La Fleur lascive, grande pl. (403). Belle épreuve sur japon.

197. Petit Modèle (533). Belle épreuve sur japon, *signée*. On y a joint une copie, soit 2 pièces.

198. Le Gaillard d'arrière (555). Très belle épreuve sur japon, *signée*.

198 *bis*. Hamadryade (556) — Canicule (565). Deux pièces. Belles épreuves, *signées*.

199. Peine ! (676). Très belle épreuve, *signée*.

199 *bis*. La Feuille de vigne. Très belle épreuve d'état, sur japon, *signée*.

199 *ter*. Holocauste. Très belle épreuve sur japon, *signée*.

200. La Muse de Rops. Superbe épreuve *avec remarques*, sur japon.

201. Frontispice pour *Un Document sur l'Impuissance d'aimer*. Très belle épreuve, *avec les remarques*, sur japon, *signée*.

ROPS (d'après F.)

202. *Ecce Diabola Mulier!* Très belle épreuve, *imp. en couleurs*.

203. La Foire aux Amours — L'Incantation — L'Agonie, par Bertrand. Trois pièces. Très belles épreuves, deux *imp. en couleurs*.

SIGNAC (Paul)

204. Les Bateaux — Les Andelys — En Hollande. Trois pièces *imp. en couleurs*, *signées* et *numérotées*.

STEINLEN (Th. A.)

205. Voyage de noce. MONOTYPE *signé*.

206. Les Amoureux. Très belle épreuve, *avec re-marques, signée.*

207. Amoureux de village. Superbe épreuve *d'essai, signée.*

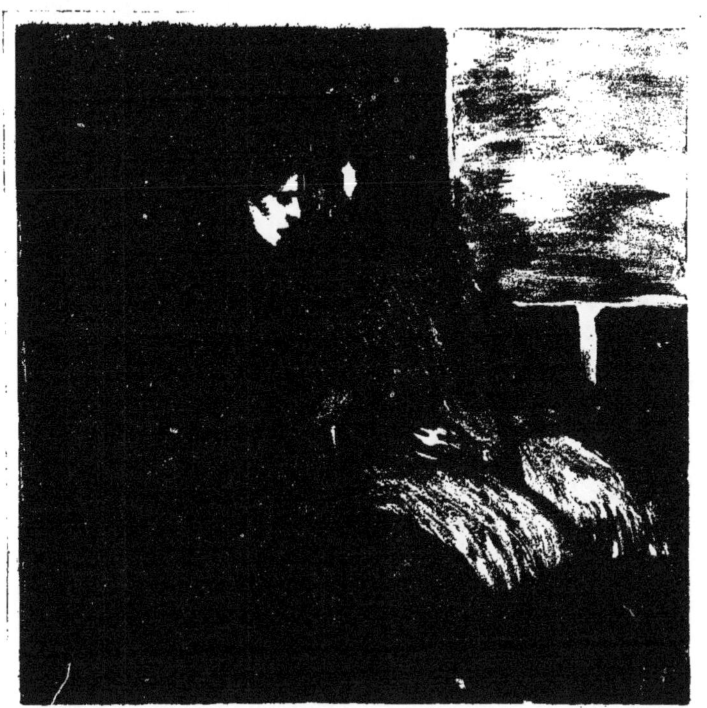

N° 205 du Catalogue.

208. Les Modèles. Très belle épreuve du 2ᵉ état, *signée* (n° 6).

209. Dans la neige et le vent. Très belle épreuve, *signée* (n° 44).

210. Le Chat qui dort. Très belle épreuve *tirée en 2 tons, signée*.

211. Fille et Souteneur. Très belle épreuve *imp. en couleurs, signée* (n° 11).

212. En Grève — On détrousse au coin des bois. Deux pièces. Très belles épreuves, *signées* et *numérotées*.

WILLETTE (Adolphe)

213. L'Aumône à la Fortune. Très belle épreuve, *signée* (n° 42).

214. L'Apparition (Pierrot pendu) — La Ronde des Compagnons — Titres de romances — Centenaire de la Lithographie. Sept pièces. Belles épreuves.

DESSINS

BERTON (Armand)

215. Femme à sa toilette. Aux crayons de couleurs.
H. 201. L. 169.

CARO-DELVAILLE (H.)

216. Portrait de Femme. Crayon noir. Signé. Encadré.
H. 460. L. 375.

CHAHINE (Edgard)

217. Louise France. A la sanguine. Signé.
H. 500 L. 430.

DESPERRIERS

218. Les Voyageurs. Gouache. Signée. Encadrée.
L. 230. H. 186.

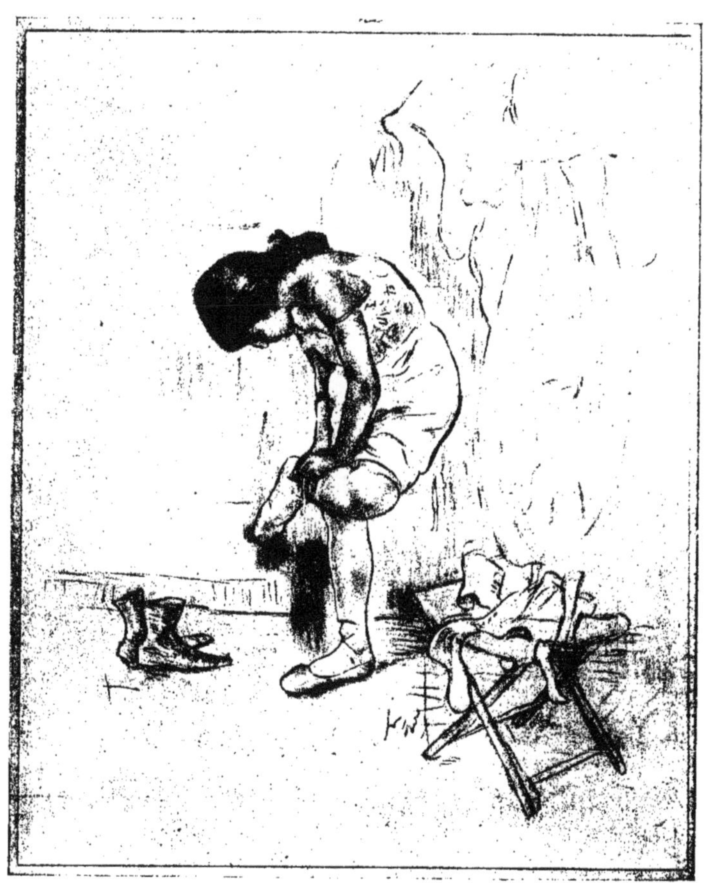

N° 224 du Catalogue.

HARPIGNIES

219. Le Petit Pont de bois, Roisin, 1848. A la plume.
Dédicace. Encadré.

H. 272. L. 226.

KOUNIYOSHI

220. Composition érotique. A la plume, légèrement
rehaussée. Collection Barbouteau.

LEGRAND (Louis)

221. Les Adieux de Fontainebleau. Crayon noir avec
rehauts de pastel. Signé. Encadré.

L. 730. H. 633.

222. A l'ombre. Crayon noir, avec rehauts de couleurs.
Signé. Encadré.

L. 490. H. 300.

223. Danseuse. Crayon rehaussé de pastel. Encadré.

L. 223. H. 172.

224. Danseuse mettant son chausson. Crayon noir
rehaussé de pastel. Signé. Encadré.

H. 520. L. 418.

225. Femme à la fenêtre (Portrait). Pastel. Signé.
Encadré.

H. 555. L. 435.

226. La Femme qui baille. Pastel. Signé. Encadré.

227. Initiation. Plume avec rehauts de crayon bleu et
encre de chine. Signé.

L. 300. H. 270.

MINIATURE PERSANE (xviiie siècle)

228. Personnages persans, 2 miniatures recto et verso.
Encadrées.

PISSARRO (C.) — STEINLEN

229. Paysanne — Pierreuse. Deux croquis.

ROPS (Félicien)

230. Frontispice de la *Légende des Sexes*. Crayon noir
     rehaussé de pastel. Signé.

H. 310. L. 215.

231. Bout de Frisonne. Crayon sur papier calque. Signé
     des initiales.

H. 113. L. 108.

232. Sous ce numéro, il sera vendu vingt-cinq estampes
     et dessins anciens et modernes (2 encadrés).